Inhalt

W0296835

Einführung

Dieses Buch basiert auf den Werken von Elinor Goldschmied, deren Veröffentlichungen und Ratschläge viele Eltern, Erzieher und Lehrer inspiriert und sie dabei ermutigt haben, Kindern natürliche Gegenstände zum Spielen und Erkunden zu geben.

Dieses *Aktivitätenheft* beschäftigt sich damit, wie Erzieher/-innen und Eltern Körbe oder Kisten mit Gegenständen nutzen können, um

- Kinder zu ermutigen, all ihre Sinne zu gebrauchen,
- Kinder mit einer breiten Palette an Naturmaterialien vertraut zu machen,
- Unterschiede zwischen Farben und künstlichen Materialien und den gedeckten Farben, den Oberflächen und den Formen natürlicher Objekte zu erkennen,
- mit Sammlungen von vertrauten Gegenständen zum Spielen anzuregen,
- Kindern zu ermöglichen, schon früh Entscheidungen zu treffen und eine Vorliebe zu entwickeln,
- Bewegung, Kommunikation und Sprache durch einfache Materialien zu fördern.

Dieses Buch hat drei Abschnitte:

Abschnitt 1 beschäftigt sich mit dem Gebrauch von Körben und Kisten bei Kleinkindern. Während dieser Phase können die Körbe und Kisten an das wachsende Interesse und die Bedürfnisse des Kleinkindes angepasst werden. In diesem Abschnitt finden Sie außerdem Vorschläge zum Inhalt der Kisten, wie Kinder sitzen und wie sie unterstützt werden sollten, wenn sie die Kisten benutzen, sowie über die Rolle des Erwachsenen, der bei ihnen ist.

Abschnitt 2 beschreibt den Gebrauch von Körben und Listen bei älteren Kindern bis ins Vorschulalter. In dieser Phase können mit den Aktivitäten alle Lernbereiche bereichert werden.

Abschnitt 3 enthält Ratschläge zur Auswahl, Aufbewahrung und Pflege sowie zu Kosten der Sammlungen.

Was sind „Körbe für Forscher und Entdecker"?

Sie können Kleinkindern dabei helfen,

- all ihre Sinne zu benutzen, um natürliche Objekte, Texturen und Farben zu erforschen,
- Aufmerksamkeit und Konzentration zu entwickeln,
- die Feinmotorik und die Auge-Hand-Koordination einzuüben und zu verbessern,
- einfache Entscheidungen zu treffen und Vorlieben zu entwickeln,
- gebräuchliche Schemata oder Lernwege zu entdecken und zu entwickeln.

Kleinkinder können diese „Körbe" erforschen, wenn sie – von einem Kissen gestützt – in der Lage sind zu sitzen. In dieser Zeit sind sie noch nicht imstande, ihre Position zu verändern, und sind oft frustriert über ihr Unvermögen, die Gegenstände zu erreichen, die sie sehen. Sie lernen schnell und brauchen Anregungen.

Elinor Goldschmied sagt: „Wenn es um das Essen geht, dann achten wir sehr genau darauf, was das Baby zu sich nimmt, und bieten eine breite Palette qualitativ hochwertiger Lebensmittel an, die es für die tägliche Ernährung und ein schnelles Wachstum braucht. Aber was ist mit der Nahrung, die das Gehirn für die sich entwickelnden Fähigkeiten braucht, die Augen, Hände und den Mund in konzentrierter Aktivität zu benutzen?"

„Körbe" für Kleinkinder enthalten normalerweise Sammlungen von Objekten, die natürlich oder aus natürlichen Materialien hergestellt sind. Von Geburt an sind Kinder von grellbunten Farben und künstlichen Materialien umgeben. Aber es gibt inzwischen Belege, dass kleine Kinder häufig intensiver auf natürliche Materialien und gedecktere Farben reagieren. Diese werden von Kleinkindern nicht nur angesehen, sondern auch hinsichtlich ihrer Beschaffenheit, ihres Geschmacks, Geruchs und der Geräusche, die sie machen, untersucht.

Keines der Objekte in diesen ersten Sammlungen sollte ein speziell angefertigtes Spielzeug sein. Die meisten können einfach aus der näheren Umgebung gesammelt oder günstig in Haushaltswarenläden erworben werden.

Die „Schatzkiste" kann ein Korb aus Weide, Stroh, Bast oder anderen natürlichen Materialien sein, mit einem breiten Boden und einer große Öffnung, sodass das Kleinkind den Inhalt sehen und einfach hineingreifen kann. Der Korb muss so stabil sein, dass das Kind seinen Arm auf den Rand abstützen kann, ohne ihn umzuwerfen oder hinzufallen! Elinor Goldschmied rät zu einem Korb mit mindestens 35 Zentimeter Durchmesser und 10 bis 25 Zentimetern Tiefe.

Die Schatzkörbe können Griffe haben und sind normalerweise rund oder oval. Die Schatzkörbe für ältere Kinder können jedoch jede Form haben, mit oder ohne Deckel, Verschlüsse oder Trennwände sein.

Die grundlegenden Sammlungen in Teil 1 können von Ihnen erweitert und umgestaltet werden, um das Kind weiter zu stimulieren und sein Interesse zu halten.

Das Benutzen der „Körbe"

- Füllen Sie die „Körbe" mit Objekten – je voller, desto besser.
- Setzen Sie die Kleinkinder seitlich neben die Kiste, sodass sie einen Ellbogen auf den Rand des Korbes legen können.
- Setzen Sie sich daneben, sodass Sie alles beobachten können. Greifen Sie nur ein, wenn die Kinder eindeutig Ihre Hilfe benötigen.

Die Rolle der Erwachsenen

Zweifellos beeindrucken die Schatzkörbe jedes Kind – wenn diese behutsam angeboten und eingeführt werden.

Erwachsene sollten während einer „Körbe"-Sitzung aufmerksam sein, aber nicht eingreifen, wenn es nicht nötig ist. Das Keinkind sollte die handelnde Person sein und den Inhalt der Kiste in seiner eigenen Zeit erforschen können, ohne dass sich ein Erwachsener einmischt, auch wenn es beschlossen hat, eine halbe Stunde die Beschaffenheit eines Holzlöffels zu untersuchen.

In dieser Phase brauchen Kinder Augenkontakt und das, was Elinor Goldschmied „freundliche Gesellschaft und emotionale Ermunterung" nennt. Das bedeutet, dass ihnen die Möglichkeit gegeben wird, unabhängig zu spielen, in dem sicheren Wissen, dass ein Erwachsener in der Nähe ist.

Erwachsene haben manchmal Angst, die Kinder könnten sich oder andere mit den Gegenständen in der Kiste verletzen, von denen manche vielleicht hart oder schwer sind. Man sollte sich jedoch bewusst machen, dass ein Kind, das gerade sitzen kann, vielleicht in der Lage ist, einen schweren Gegenstand wie einen Stein zu greifen, aber dass es sich selbst und anderen damit wohl kaum Schaden zufügen kann.

Wenn die Kinder agiler und geschickter werden, sollte man den Inhalt der Kisten durchsehen und an die wachsenden Fähigkeiten der Kinder anpassen.

Anwendung und Philosophie der „Körbe für Forscher und Entdecker"

Erzieher/-innen sollten das Lernen der Kinder mit relevanten Gegenstandssammlungen unterstützen, um Verhaltensweisen, die sie in ihrer Gruppe beobachten, zu vertiefen.

Nach gängiger Forschungsmeinung sind die Handlungen und Verhaltensweisen der Kinder bei der Durchführung einer Aktivität wie die Teile eines Puzzles, das die Kinder in ihrem Gehirn zusammensetzen – sie wiederholen ein bestimmtes Verhalten auf eine systematische Art, untersuchen Handlungen und denken über diese Handlungen nach. Solche systematischen Vorgehensweisen gelten geschlechts-, kultur- und völkerübergreifend und sie folgen keinen vorhersehbaren Mustern oder treten in einer bestimmten Reihenfolge auf. Einige Kinder zeigen keinerlei Hinweise auf schematisches Verhalten, manchmal tritt schematisches Verhalten nur zu Hause oder nur in einer bestimmten Umgebung auf. Es ist in allen Aspekten des kindlichen Spiels zu finden und sagt uns etwas über die Art, wie Kinder lernen.

Einige **oft zu beobachtende schematische Verhaltensweisen** beinhalten:

- Transportieren (Gegenstände werden von einem Ort zum anderen getragen, wobei vielleicht Laster, Kinderwagen, Taschen, Geldbörsen oder Kisten benutzt werden),
- Positionieren (ein Objekt sorgfältig irgendwohin legen),
- Orientierung (Gegenstände drehen und hinlegen),
- Horizontalität, Vertikalität, Diagonalität und Kreisförmigkeit (beim Bauen, Malen oder Zeichnen),
- Einzäunen (etwas mit Steinen, Klötzen, Kisten umfrieden),
- Umwickeln oder Einpacken (Sachen in Taschen packen, Dinge einwickeln),
- Drehen (Schlüssel, Türknauf, Räder, Wasserhähne),
- Verbinden (Dinge aneinander hängen),
- Ordnen,
- Umformen.

Prinzipien für die Anwendung von „Körben für Forscher und Entdecker“:

- Hilfsmittel, die die schematischen Bedürfnisse eines Kindes unterstützen, sollten zur Verfügung stehen und zugänglich sein.
- Die Sammlungen sollten wechseln und Objekte in zweifacher Ausführung enthalten.
- Das Spiel mit „Körben“ sollte sowohl für Stabilität sorgen als auch Abwechslung bieten.
- Kinder brauchen Freiheit zum Planen, Diskutieren und Entwickeln ihrer eigenen Lernstrategien.
- Erzieher/-innen sollten flexibel sein und Änderungen oder mögliche Hinzufügungen von Kindern akzeptieren!

„Körbe“ können schematisches Handeln sinnvoll unterstützen, wenn:

- **positive Aufmerksamkeit von Erwachsenen** die ständige Wiederholung unterstützt, die zu einem Schema gehören kann;
- eine **anregende Umgebung** mit zugänglichen Objekten Kinder jeden Alters ermutigt, ihre eigenen Hilfsmittel auszuwählen oder sie zumindest zu sehen und ihre Wünsche durch Gesten zu artikulieren;
- Stoffe, Teppichquadrate, Holz- oder Spiegelfliesen den **optischen Anreiz** verstärken und den Korb zu einem wertvollen Teil ihres Angebotes machen;
- **regelmäßige, stetige Beobachtung durch die Erzieher** die Fortschritte und die Sprachentwicklung unterstützt und das Auftreten neuer Schemata registriert;
- dem Spiel mit den „Körben“ **genügend Zeit** eingeräumt wird. Das ist ein wichtiger Bestandteil dieses Ansatzes und lässt die Kinder sehr davon profitieren.

Die Eltern in die Arbeit miteinzubeziehen ist essenziell – sie müssen die Wichtigkeit dieses Spiels verstehen und viele werden ihre Kinder gerne dabei beobachten, zu Hause ebenfalls einen Schatzkorb zur Verfügung stellen oder sich vielleicht eine Kiste mit Gegenständen aus ihrem Bestand ausborgen.

Die Bedeutung der „Körbe für Forscher und Entdecker" für Kinder mit sonderpädagogischen Bedürfnissen

Kinder mit sonderpädagogischen Bedürfnissen oder Behinderungen lieben es, Schatzkörbe zu erforschen – es gibt keine richtigen Antworten und keine vorgeschriebenen Ergebnisse!

Kinder mit sonderpädagogischen Bedürfnissen können von den „Schatzkisten" profitieren. Ob das Kind mittlere oder schwere physische Behinderungen oder Lernschwierigkeiten hat – kleine spezifische Sammlungen von Gegenständen können immer helfen, die Motorik oder die Wahrnehmung zu stärken. Parfüms, Materialien, Geräusche und Bewegungen können ebenfalls zu einer Sammlung hinzugefügt werden, je nach den Bedürfnissen des jeweiligen Kindes.

Sehr strukturierte Spielsachen oder Materialien werden von Kindern mit sonderpädagogischen Bedürfnissen oft nicht angenommen, weil sie die Beschränkungen solcher Spielsachen als frustrierend empfinden. „Körbe" sorgen für flexible und unterschiedliche Anregungen, die entsprechend den Bedürfnissen oder Interessen eines bestimmten Kindes variiert werden können und dabei wenig kosten und einfach zu verstauen sind. Schatzkörbe fördern die Interaktion, stärken das Selbstwertgefühl und die Motivation.

Wie sorge ich dafür, dass die Gegenstände in den „Körben" sicher sind?

Natürlich sollten Kleinkindern immer nur hygienisch einwandfreie und sichere Spielsachen zur Verfügung stehen. Wie alle anderen Spielsachen sollten auch „Körbe" regelmäßig überprüft und sauber gehalten werden. Der Inhalt muss auf mögliche Schäden, Splitter, scharfe Kanten oder Ecken untersucht werden.

Einige Dinge, die beachtet werden sollten:

- Denken Sie daran, dass Babys in diesem Alter in der Lage sind, Objekte zu greifen und festzuhalten, dass sie diese aber nicht werfen oder damit schlagen können.
- Wenn Sie nicht sicher sind, ob ein bestimmter Gegenstand hygienisch einwandfrei oder sicher ist, dann legen Sie ihn nicht in den „Korb".
- Wenn Sie sich Sorgen machen, ein Baby könnte einen Gegenstand verschlucken, stecken Sie diesen selbst in den Mund. Wenn Sie das Gefühl haben, Sie könnten ihn vielleicht herunterschlucken, benutzen Sie ihn nicht. Wenn Sie ihn nicht verschlucken können, dann kann es das Baby auch nicht!
- Sorgen Sie dafür, dass die Gegenstände waschbar, abwischbar oder wegwerfbar sind, und entsorgen Sie die Wegwerfartikel nach jedem Gebrauch.

Achtung: Achten Sie sorgfältig darauf, dass die Gegenstände immer der Reife und dem Entwicklungsstand der Kinder entsprechen.

Der Fühlkorb

Etwas zu berühren ist ein wichtiger Teil im Leben eines Kleinkindes. Der Tastsinn ist schon bei der Geburt gut entwickelt und gewährt den Neugeborenen einen direkteren Zugang zu ihrer Umwelt als ihre anderen Sinne. Deshalb steht er bei den Sinnen an erster Stelle. Berühren ist unentbehrlich für die Entwicklung des Kleinkindes. Es hat einen offensichtlichen Effekt auf die Weiterentwicklung von Wahrnehmung und Motorik, aber es hat auch einen starken Einfluss auf das physische Wachstum, die emotionale Entwicklung und auf das kognitive Potenzial. Berühren wird außerdem mit dem Immunsystem in Verbindung gebracht, weil es die Gesundheit und das körperliche Wohlbefinden beeinflusst.

Der Fühlkorb verstärkt das Ertasten von Oberflächenstrukturen, Formen, von Gewicht, von Kälte, Glätte und Mustern. Das sind sehr wichtige Erfahrungen für Babys und Kleinkinder.

Das brauchen Sie

... an natürlichen Objekten:

- Tannenzapfen in verschiedenen Größen und Arten
- Hülsen in verschiedenen Arten und Formen
- Kürbisse (entweder frisch oder getrocknet) in unterschiedlichen Größen
- große Federn
- Bimssteine
- Luffa
- natürliche Schwämme
- Kieselsteine
- Treibholz
- Korken
- ein kurzes Stück Seil

... an Wegwerfartikeln:

- eine Zitrone
- eine Orange
- einen Apfel
- einen Granatapfel
- eine Papprolle
- Papier (Seidenpapier, Pergamentpapier, Folie, Küchenrolle)

... an zusätzlichen Gegenständen:

- einen Baby- oder Kinderschuh
- eine Nagelbürste
- einen Rasierpinsel
- eine kleine Flaschenbürste
- eine Geldbörse aus Leder (wenn diese kulturell akzeptiert wird)
- eine Triangel
- einen Fellball
- ein Teesieb
- einen Avocadokern
- eine Bürste
- eine Samtpuderquaste
- einen kleinen Teddybär
- ein kurzes Stück Kette
- eine kleine Holzschale
- eine Walnuss
- einen Bastuntersetzer

Der Holzfühlkorb

Der Korb ist mit Gegenständen aus Holz gefüllt. Mit Holz können Kinder angenehme Erfahrungen machen. Das Anfassen und der Geruch von Holz gefällt den meisten und ermuntert zu einer weiteren Untersuchung mit allen Sinnen. Holz zu berühren und dabei dessen Linien und Oberflächen zu erkunden, hat auf manche Kinder eine beruhigende Wirkung.

Versuchen Sie, möglichst viele unterschiedliche Holzarten anzubieten, mit einer Auswahl an Maserungen, Strukturen und Färbungen. Schauen Sie in Ihrer Küchenschublade oder dem Utensilienhalter nach oder gehen Sie spazieren und sammeln Sie Holzteile aus der Natur. Treibholz vom Strand ist immer eine wertvolle Bereicherung.

Das brauchen Sie

Einige Dinge zum Sammeln:

- Kiefernzapfen
- Treibholz
- kleine Holzreste aus dem Baumarkt oder vom Tischler
- Bodenbelagsmuster
- Baumrinde
- große, aufgerollte Späne
- kurze Stücke von einem Besenstiel
- Holzlöffel und Holzpfannenwender
- große Nüsse
- schmale Stöcke
- Holzeier
- einfache Holzbleistifte
- russische Matroschka-Puppen
- Holzklötze
- Garnrolle aus Holz

Weitere Ideen:

- Kastagnetten
- ein kleines Schiff
- Holzfrüchte
- eine Babyrassel
- Stäbchen
- Salatbesteck
- Holzarmbänder

Probieren Sie auch diese Dinge aus:

- Gardinenringe aus Holz
- Holzwäscheklammern
- Holzkisten
- Eierbecher
- kleine Spielzeuge aus Holz
- Kuchenheber
- Salz- und Pfefferstreuer
- Serviettenringe
- Salatschüsseln aus Holz
- Holzperlen
- Kork (verschiedene Stücke)
- Honiglöffel
- ein kleines Nudelholz
- Untersetzer

Der Rollkorb

Mit acht oder neun Monaten beginnen Kinder damit, sich fortzubewegen und zu krabbeln – ihre Welt noch weiter zu entdecken. Wenn Kinder anfangen, sich zu bewegen, interessieren sie sich auch für andere Dinge, die sich bewegen.

Stimulierende Gegenstände, die rollen und denen man folgen muss, beschäftigen Kinder und ermutigen sie zu Bewegung. Eine Sammlung von Dingen, die rollen, kann andere Sammlungen bereichern oder aus ihnen zusammengestellt werden.

Diese Sammlung kann auch sehr gut von älteren Kindern benutzt werden, die damit Bewegungen untersuchen, ausprobieren und sich dabei über die Eigenschaften von Objekten unterhalten, wie sie rollen und welche am besten rollen, und die so rollenden Gegenstände von den nicht rollenden unterscheiden lernen.

Wie bei allen Sammlungen müssen auch diese Objekte regelmäßig abgewischt oder gewaschen werden, um sie frei von Staub, Schmutz oder Bakterien zu halten.

Das brauchen Sie

Objekte, mit denen Sie Ihre „Roll-Sammlung" beginnen können:

- Tennisball
- Golfball
- Wurfringe aus Bast, Gummi, Holz
- große und kleine Papprollen
- Serviettenringe
- Murmeln oder Holzeier
- Gardinenringe
- Röhren für Süßigkeiten
- Puschel, Wollbälle
- Tischtennisbälle
- Untersetzer
- Reifen von Spielzeugautos
- große Unterlegscheiben aus Metall
- Holzräder

Dinge, die nicht rollen:

- Kisten
- Klötze
- ein Lineal

Dinge, die merkwürdig rollen:

- Eier
- Zitronen

Weitere rollende Gegenstände:

- Münzen
- Früchte wie Äpfel oder Orangen
- getrocknete Kürbisse
- Kiesel und runde Steine
- runde Perlen
- Metalldeckel von Flaschen, Sprühdosen, Gläsern
- runde Korken
- ein Ball mit einer Glocke darin
- Nüsse
- große Knöpfe
- Plätzchenformen
- Bleistifte und Stifte
- Becher und Tassen
- eine Rolle Klebeband

Der Metallgeräuschekorb

Gegenstände aus Metall sind ein wichtiger Bestandteil der meisten Schatzkörbe; diese Sammlung ist ein Korb voller Metallobjekte, von denen viele aus der Küche stammen.

Metallgegenstände faszinieren Babys und Kleinkinder. Einen Schlüsselbund zu schütteln, kann die Aufmerksamkeit eines Babys erregen, selbst wenn es schreit. Löffel, Schlüssel und Utensilien aus Silber haben alle einen Griff zum Anfassen und werfen ein Spiegelbild zurück, das man genau betrachten kann. Die Kälte des Metalls ist ein weiterer Aspekt, der den Tastsinn stimuliert. Die vielen Geräusche des Metalls reichen vom Klingeln bis hin zu lautem Getöse.

Beobachten Sie das Kind, wie es sorgfältig einen Gegenstand, wie zum Beispiel einen Stöpsel an einer Kette, auswählt und ihn mit überraschender Konzentration und Sorgfalt wieder weglegt.

Das brauchen Sie

Probieren Sie einige dieser **vertrauten Gegenstände** aus:

- Löffel in unterschiedlichen Größen und Formen
- Schlüssel im Bund, an Ketten oder Ringen
- aneinandergehängte Schlüsselringe
- einen Stöpsel mit einer Kette daran
- einen kleinen Schneebesen
- ein Teesieb
- Essig- und Ölflaschen aus Metall
- Papierklemmen
- Modeschmuck
- Spiegel mit Metallrahmen
- Deckel aus Metall
- einen Aschenbecher aus Metall
- kleine Backschüsseln
- eine Knoblauchpresse

Einige Musikinstrumente:

- eine Triangel
- Glocken
- ein kleines Becken
- ein Glockenspiel
- Windspiele
- eine Fahrradklingel
- eine Mundharmonika

Probieren Sie auch einige dieser **ungewöhnlichen Gegenstände** aus:

- ein Metallhalsband für Hunde
- eine Trillerpfeife an einer Kette
- eine Zitronenpresse
- zusammengebundene Glöckchen
- Gardinenringe
- einen kleinen Metalltrichter
- einen Kartoffelstampfer
- einen Metallkrug
- eine kleine Pfanne mit Deckel
- Dosen mit Deckeln
- ein kleines Sieb
- ein Spielzeugauto aus Metall
- eine Gartenkelle für Kinder
- ein kurzes Stück Kette
- einen großen Schraubbolzen aus Metall (neu)
- eine Türklinke

Der Badezimmerkorb

In modernen Badezimmern lassen sich viele natürliche Materialien finden – Holz, Stahl, Gummi, Borsten, Baumwolle, Wolle und Muscheln ebenso wie natürliche Parfüme und Öle. Diese Kiste kann dabei dem Erforschen von Gerüchen dienen, aber auch dem Tasten, Berühren, Sehen und Hören.

Kleinere Kinder erkunden diesen Korb mit ihren Sinnen. Ältere Kinder werden bereits die Verbindung zwischen den Gegenständen im Korb und der Körperpflege erkennen, was Gespräche über Gesundheit und Hygiene fördern kann.

Behälter, die zu dieser Sammlung gehören, können gefüllt und geleert sowie zum Ein- und Ausgießen benutzt werden, was die Beweglichkeit von Handgelenken und Armen stärkt.

Das brauchen Sie

Probieren Sie diese **natürlichen Gegenstände** aus:

- Stöpsel mit Ketten
- Bimssteine
- einen kleinen Seifenhalter aus Metall
- Luffa
- Nagelbürsten
- Zahnbürsten
- Korken
- Metallschalen
- Metallbecher
- Badebürsten
- große Flaschenverschlüsse
- kleine Körbe
- große Steine und Kiesel

Stoffe:

- ein Handtuch
- einen Stofflappen oder ein Stück Fleecestoff
- einen Waschlappen
- Watte

Probieren Sie einige dieser **Gegenstände und Düfte** aus:

- leere Parfümflaschen (nur solche aus dickem Glas)
- einen Make-up-Pinsel
- einen Rasierpinsel
- eine Massagerolle
- Muscheln
- eine große Puderquaste
- Nagelfeilen aus Metall
- kleine Stoffbeutel mit Lavendel, Nelken, Rosmarin usw.
- Stoffbeutel mit Potpourri-Füllung
- getrocknete Blumen
- ein kleines Holzboot
- Tassen und Becher
- Trichter
- Nagelfeilen aus Karton

Der Bürstenkorb

Bürsten gibt es in allen Formen und Größen sowie mit weichen und harten Borsten. Wenn Sie ein bisschen Mühe und Fantasie investieren, werden Sie überrascht sein, wie viele Bürsten Sie für diese Kiste sammeln können!

Einige werden weich und kitzelig sein und Babys lieben es, damit über die empfindliche Haut ihrer Wangen, Hände oder Füße zu streichen. Bürsten und Streicheln hat einen beruhigenden Effekt, sodass dieser Korb angeboten werden kann, wenn ein Kind überreizt oder erregt ist.

Die Arten, Größen und Formen der verschiedenen Bürsten schulen das Greifen von und den Umgang mit Gegenständen. Ältere Kinder werden oft die entsprechenden Bewegungen nachahmen, während sie die Bürsten in der Hand halten.

Darauf ist zu achten

Einige Bürsten haben lange Griffe oder spitze Enden; es ist sicherer, diese zu kürzen, bevor sie in die Kisten kommen.

Das brauchen Sie

Probieren Sie einige dieser **Bürsten** aus:

- Rasierpinsel
- Haarbürsten (mit natürlichen Borsten und Holzrücken)
- Haarbürsten für Babys
- Backpinsel mit Holzgriff
- Staubwedel mit Holzgriff
- kleine Schuhbürsten (verschiedene)
- Make-up-Pinsel
- Malpinsel

Fügen Sie **laminierte Bilder** hinzu:

- ein Baby
- eine Mutter
- einen Vater
- einen Jungen
- ein Mädchen
- einen Hund
- eine Katze

Noch mehr Bürsten:

- Nagelbürsten aus Holz
- Scheuerbürsten
- Tapetenbürsten
- Wildleder-Reinigungsbürsten
- Katzen- oder Hundebürsten
- Malerpinsel in verschiedenen Größen
- Kleiderbürsten
- Spülbürsten
- Flaschenbürsten (unterschiedliche Größen)

Darauf ist zu achten

Desinfizieren Sie die Bürsten regelmäßig und lassen Sie sie trocknen, bevor sie wieder zurück in die Kiste gelegt werden.

Tipps für den Einsatz von „Körben für Forscher und Entdecker" bei älteren Kindern

Diese Sammlungen können auf alle Bereiche des Bildungsplanes ausgedehnt und in Ihre Planungen und die sich entwickelnden Interessen der Kinder miteinbezogen werden.

Kisten können kreative Anregungen, klingende Gegenstände, Schätze von Festen, Sammlungen von Formen, Zahlen oder Farben, Gegenstände zu einem bestimmten Thema oder Objekte zur Förderung der Feinmotorik enthalten. Kisten zur Lautbildung, zum Geschichtenerzählen und zur Sprachentwicklung werden in Kindergärten immer häufiger eingesetzt und das kann die Kommunikationsfähigkeit, die Sprache und die Erfahrungen mit Lesen und Schreiben der Drei-, Vier- oder Fünfjährigen in großem Maße erweitern.

Zum Beispiel kann ein Schatzkorb einem Kind bei der **persönlichen und sozialen Entwicklung** helfen,

- gerne, interessiert und motiviert zu lernen,
- aufmerksam und konzentriert stillzusitzen, wenn dies angemessen ist,
- Respekt für die eigene Kultur, den eigenen Glauben und den anderer Menschen zu entwickeln,
- unabhängig Aktivitäten und Hilfsmittel auszusuchen und zu benutzen.

In Bezug auf **Kommunikation, Sprache und Literacy** kann ein Schatzkorb dabei helfen,

- den Wortschatz zu erweitern, indem die Bedeutung und der Klang neuer Wörter erforscht wird,
- Sprache zu benutzen, um sich Rollen und Erfahrungen auszudenken und immer wieder nachzustellen,
- die Anfangslaute von Wörtern oder kurze Laute innerhalb von Wörtern zu hören und nachzusprechen,
- Buchstaben mit Lauten zu verbinden, die Buchstaben des Alphabets zu erkennen und zu benennen,
- mit Geräuschen, Wörtern und Texten zu experimentieren,
- Geschichten in der richtigen Reihenfolge nachzuerzählen.

Beim **mathematischen Verständnis** helfen Schatzkörbe Kindern dabei,

- Zahlen innerhalb vertrauter Kontexte in der richtigen Reihenfolge zu benennen und zu benutzen,
- anhand von alltäglichen Gegenständen verlässlich bis zehn zu zählen,
- Objekte mithilfe der Sprache in „größer", „kleiner", „schwerer" oder „leichter" zu unterscheiden,

- die Position von Gegenständen mit einfachen Worten zu beschreiben,
- über einfache Muster zu sprechen, sie zu erkennen und nachzubilden,
- Wörter wie „Kreis" oder „größer" zu benutzen, um die Form oder die Größe von festen oder flachen Körpern zu beschreiben.

Beim **Verstehen der Welt** kann ein Schatzkorb Kindern helfen,
- Objekte und Materialien mit allen Sinnen zu untersuchen,
- etwas über den Unterschied zwischen lebenden Dingen, Objekten und Ereignissen, die sie beobachten, herauszufinden und diesen Unterschied zu identifizieren,
- sich Ähnlichkeiten, Unterschiede und Muster genau anzusehen,
- etwas über gegenwärtige und vergangene Ereignisse in ihrem eigenen Leben und in dem ihrer Familie und anderer Menschen, die sie kennen, herauszufinden,
- Besonderheiten in der Natur zu beobachten, etwas darüber herauszufinden und diese zu identifizieren,
- etwas über die eigene Kultur, den eigenen Glauben und den anderer zu erfahren.

Bei der **körperlichen Entwicklung** können Schatzkörbe Kindern helfen,
- sich kontrolliert und koordiniert zu bewegen,
- eine ganze Reihe kleiner und großer Hilfsmittel zu benutzen,
- mit Werkzeugen, Gegenständen, Konstruktionen und formbaren Materialien sicher und mit wachsender Beherrschung umzugehen.

Die **kreative Entwicklung** von Kindern können Schatzkörbe unterstützen, weil
- Farbe, Oberflächenstruktur, Form und Ausdehnung im zwei- und dreidimensionalen Raum erforscht werden,
- die Kinder erkennen und erforschen, wie Geräusche sich ändern können,
- sie auf ganz unterschiedliche Weise auf das reagieren, was sie sehen, hören, schmecken, berühren und fühlen.

Natürlich müssen Erzieher/-innen wissen, dass alle Aktivitäten den Kindern helfen, Fortschritte im Hinblick auf Kompetenzentwicklung zu machen. Jedoch dürfen wir nicht vergessen, dass die Hauptzwecke der Kisten, wie sie in diesem Buch beschrieben werden, vor allem sind:
- Kindern freien und unbehinderten Zugang zu Sammlungen von interessanten betastbaren Materialien und Objekten zu bieten,
- Kinder selbst auswählen zu lassen, welches der Objekte, die wir anbieten, sie nehmen und womit sie dieses kombinieren möchten,
- Kindern zu erlauben, die Materialien und Objekte zu studieren, zu untersuchen und miteinander zu vergleichen; dabei sollten Erwachsene, sobald die Sammlung zur Verfügung gestellt wird, so wenig wie möglich eingreifen.

Der Gerüchekorb

Der Geruch ist ein wichtiges Sinnesorgan, das wir seltener fordern als unsere anderen. Kleinkinder und Kinder lieben es, an Dingen zu riechen, und mögen unter Umständen einen bestimmten Geruch oder einen parfümierten Gegenstand besonders gern.

Durch das Hinzufügen von Duftgläsern oder -beuteln können Sie Sinneswahrnehmungen anbieten, ohne in die Handlungen der Kinder eingreifen zu müssen.

Ältere Kinder raten gern, was sich in den Gläsern oder Beuteln befindet.

Weil das Risiko besteht, dass von den Inhalten dieses Korbes probiert wird, ist es vielleicht besser, sie nur älteren Kindern anzubieten, die schon verstehen, was essbar ist und was nicht!

Darauf ist zu achten

Überprüfen Sie zuerst das Allergierisiko, bevor Sie entscheiden, was in den Korb kommt.

Das brauchen Sie

Probieren Sie einige dieser **natürlichen Gegenstände** aus:

- Muskatnuss
- Lavendelsäckchen
- Zitronen und Orangen
- parfümierte Kerzen
- Seifen
- kleine Stoffbeutel mit Gewürzen wie Zimtstangen, Pfefferkörnern, Kardamom, Nelken, Kaffeebohnen
- Kräuter wie Lorbeerblätter, Basilikum, Petersilie

Kleben oder hängen Sie ein Bild des Inhalts außen auf das Glas oder den Beutel. Erweitern Sie Ihre Sammlung mit Duftkissen und -spielzeugen.

Duftgläser herstellen

- Aus kleinen Gläsern können sehr einfach Duftgläser entstehen. Babygläschen sind ideal.
- Legen Sie einen Wattebausch in jedes Glas und träufeln sie Massageöl, Pfefferminzöl, Rosenwasser oder Parfüm darauf.
- Stechen Sie mithilfe von Hammer und Nagel ein paar Löcher in den Deckel und schrauben Sie ihn auf den einzelnen Gläsern gut fest.
- Gaze, die mit Gummiband befestigt wird, funktioniert auch.

Der Musikkorb

Dieser Korb ist für angehende Musiker/-innen gedacht und kann drinnen sowie draußen verwendet werden. Man benötigt keine gekauften Instrumente, um Musik zu machen. Deshalb sammeln Sie zuerst natürliche Materialien. Später können dann einige einfache Musikinstrumente hinzugefügt werden. Sie können diese mit den Kindern anfertigen oder neu kaufen, um die Sammlung zu erweitern.

Lassen Sie den Kindern genügend Zeit, um herauszufinden, welche Geräusche sich mit den Materialien machen lassen, bevor Sie neue Instrumente hinzufügen.

Eine nützliche Ergänzung sind ein Kassettenrekorder und eine Musikkassette mit Kinderliedern oder atmosphärischer Musik. Zeigen Sie den Kindern, wie der Rekorder bedient wird.

Das brauchen Sie

Probieren Sie einige dieser **natürlichen Geräuschquellen** aus:

- Papier
- getrocknete Blätter
- Sandpapier
- kleine Schachteln, Rollen oder Dosen mit Steinen, Reis usw.
- Gardinenringe (aus Holz oder Metall) auf einer Stange
- Ketten
- Babyrasseln aus Holz
- Holzperlen auf einer Schnur
- Folie
- Bänder, die man durch die Luft schwingen lassen kann
- eine dicke Bambusstange
- einen kleinen Regenmacher
- kleine Holzstäbe
- leere Dosen und Kisten

Probieren Sie auch diese **einfachen Instrumente** aus:

- Glocken
- Triangeln
- Windspiele
- Glockenspiele
- Klanghölzer oder Schlagzeugstöcke
- Stäbchen, Bleistifte
- Schütteleier oder Maracas
- Kastagnetten
- eine kleine Trommel
- ein Güiro
- ein Tamburin
- eine Vogelflöte
- ein Kazoo
- eine kleine Bongo-Trommel
- eine Sandpapierreibe

Der Ein-Gefühl-für-Zeit-Korb

Kinder können ein Gefühl für Zeit entwickeln, indem sie mit Gegenständen spielen, die ihren Eltern gehörten, als diese Kinder waren.

Dieser Korb gibt Kindern die Möglichkeit, Gegenstände aus einer anderen Zeit zu erkunden. Viele Dinge können für wenig Geld auf Flohmärkten erstanden werden oder vielleicht gibt es in Ihrer Nähe einen Laden, der diese Dinge vertreibt. Man kann auch die Eltern oder Erzieher/-innen bitten, ob sie oder ihre Familien etwas zu dem Korb beisteuern können.

Das brauchen Sie

Beginnen Sie mit einigen dieser **Haushaltsgegenstände und Kleidungsstücke**:

- einer alten Kamera
- Kette und Griff von einem alten Toilettenspülkasten
- einem Stofftaschentuch
- einer Schürze
- Füllfederhalter
- alten Postkarten
- Medaillons
- Schulranzen
- Hosenklammern
- alten Münzen
- Hosenträgern oder Schlangengürteln
- Babyspielzeugen oder -rasseln
- alten Fotos
- einem alten Telefon

Altes Spielzeug:

- Holztiere
- Autos aus Blech oder anderem Metall
- einen alten Teddybär
- eine alte Puppe
- Spielsachen zum Aufziehen
- Tafel und Kreide
- Murmeln
- ein Springseil
- ein Puppenservice
- Stoff- oder Pappbücher
- einen Kreisel
- eine Holz- oder Stoffpuppe
- gestrickte Babykleidung
- alte Brettspiele

Darauf ist zu achten

Alte Fotos und Bilder machen diese Kiste noch interessanter. Man sollte sich Zeit nehmen, die einzelnen Dinge darauf vorzustellen und darüber zu sprechen.

Der Licht- und Farbenkorb

Etwas durch buntes oder transparentes Material hindurch zu betrachten, ist eine faszinierende Erfahrung für Kinder.

Durch einen Briefbeschwerer zu schauen oder die Welt rot werden zu lassen, indem man durch ein Zellophanpapier blickt, das eigene Spiegelbild in einem Löffel zu entdecken oder eine farbige Brille zu tragen, erweitern das Wissen und das Verständnis von Kindern über die Welt um sie herum.

Taschenlampen, Spiegel, Kaleidoskope hinzuzufügen, erhöht den Spaß und wenn Sie die Kiste zudem in helles Licht stellen, können die Kinder Schatten und Spiegelbilder erforschen. Sorgen Sie dafür, dass Glasgegenstände robust genug sind und beim Hantieren nicht zerbrechen.

Das brauchen Sie

Probieren Sie diese **Gegenstände** aus:

- Handspiegel
- Folie
- kleine bunte Gläser und Flaschen
- bunte Glasperlen
- ein Stück Netzgardine
- durchsichtige Behälter
- eine kleine Sanduhr
- farbiges Zellophan
- schimmernde Metallobjekte
- glänzende Löffel
- Briefbeschwerer
- Sonnenbrillen
- CD-Hüllen
- alte, mit Zellophan bespannte Brillengestelle

Das tun Sie

Hängen Sie einige dieser Gegenstände an Fäden vor ein Fenster oder eine Lampe und lassen Sie die Kinder die entstehenden Schatten beobachten. Versuchen Sie es mit einem Prisma oder einem Windspiel aus Glas.

Dann fügen Sie noch hinzu:

- ein Prisma
- buntes Plexiglas
- Seidenpapier/Pergamentpapier
- alte Brillengestelle
- ein Teleskop
- Plastikspiegel
- Seifenblasen
- eine Taschenlampe
- Plastikflaschen mit bunter Flüssigkeit
- Luftballons
- Schattenfiguren
- Netzstoff oder Gaze
- ein Kaleidoskop
- Luftpolsterfolie
- schwarzes Kartonpapier

Der Leicht-und-schwer-Korb

Gewicht und Masse zu untersuchen ist ein wichtiges wissenschaftliches Feld für kleine Forscher. Diese Sammlung sollte sehr schwere und sehr leichte Dinge sowie ähnliche Gegenstände mit unterschiedlichen Gewichten enthalten.

Kinder jeden Alters lieben es, schwere Dinge aufzuheben und damit zu hantieren, und sie können dies sicher tun, wenn sie auf einem Teppich sitzen. Die leichteren Dinge können geschüttelt, hin- und hergewedelt oder in die Luft geworfen werden.

Diese Kiste kann gut mit dem „Wird-es-wohl-schwimmen-Korb" kombiniert werden.

Das brauchen Sie

Probieren Sie diese **Gegenstände** aus:

- große Steine
- Waagengewichte
- einen Briefbeschwerer
- Seidenpapier
- eine leere Filmdose
- eine leere Konservenbüchse
- Federn
- Pappbecher
- eine Plastikflasche
- eine Glasflasche
- eine volle Konservenbüchse
- ein gebundenes Buch
- ein Spielzeugauto aus Metall
- Seifenblasen
- Blätter
- Papier

Geeignete Stoffe:

- Netz
- Gaze
- Seide
- Sari-Stoff
- Chiffonschals
- Fahnen und Wimpel
- Luftschlangen

Darauf ist zu achten

Diese Kiste ist vor allem für draußen geeignet, wo leichte, schwebende Objekte gut beobachtet werden können. Außerdem können die Kinder die Auswahl an gazeartigen, fließenden Stoffen, Schleifen und Luftschlangen ausprobieren, indem sie damit rennen, sie werfen, damit durch die Luft wedeln, sie fliegen lassen oder sich damit drehen.

Was es bedeutet, wenn Dinge schwer sind, lässt sich ebenfalls draußen gut erproben, wenn Kinder daran beteiligt werden, Hilfsmittel und Spielsachen herauszuholen und wieder wegzuräumen.

Der Magnetkorb

Diese Kiste bietet freien Zugang zum wissenschaftlichen Experimentieren. Sie können den Magneten an einem langen Band an dem Korb befestigen, damit er immer leicht wiedergefunden werden kann.

Am besten ist es, wenn diese Aktivität **nicht** eingeführt wird – lassen Sie die Kinder den Korb selbst entdecken und beobachten Sie, was passiert. Einige der Objekte sind klein, andere scharf – beurteilen Sie das selbst, während Sie diesen Korb zusammenstellen, und bedenken Sie das Alter und den Entwicklungsstand der Kinder. Nehmen Sie alle Dinge heraus, bei denen Sie Zweifel haben.

Das brauchen Sie

- einen Hufeisenmagnet
- Unterlegscheiben
- Dosendeckel
- Büroklammern
- kleine Holzstücke
- eine Plastiktasse
- einen Bleistift
- eine kleine Plastikflasche
- Nägel und Schrauben
- Schraubenmuttern und Bolzen
- Reißzwecken
- Fadenrollen
- Tannenzapfen
- Papier
- Formen aus Holz
- einen Stein

Darauf ist zu achten

Sorgen Sie dafür, dass einige der Metallteile in der Kiste **nicht** vom Magneten angezogen werden! Gegenstände aus Aluminium und die meisten Münzen eignen sich dafür.

Nun fügen Sie diese Dinge hinzu:

- noch mehr Magnete
- ein Backblech und einige Magnetbuchstaben
- Anstecknadeln
- Modeschmuck
- eine Kupferkette
- eine Schere
- ein Brotmesser
- Kühlschrankmagneten
- eine Fahrradklingel
- einen rostfreien Stahllöffel
- ein Staubtuch
- eine Nagelfeile
- eine glänzende Plastik-Weihnachtskugel

Der Fühl-mal-Korb

Dieser „erfühlbare" Korb enthält alle möglichen Sorten von Stoffen und Materialien zum Fühlen. Viele Kinder müssen den Stoff auf ihrem Gesicht, ihren Armen oder Beinen ebenso spüren wie an ihren Händen.

Ältere Kinder können durch diese Kiste dazu ermutigt werden, die Beschaffenheit der Stoffe zu benennen. Sie verbinden Stoffe viel mehr mit ihren Gefühlen und Erfahrungen als Erwachsene das tun, also seien Sie sich dessen bewusst, während Sie ihre Reaktionen beobachten und ihnen zuhören. Stellen Sie viele kleine Stoffmuster zusammen, sodass die Kinder diese wie ein Buch betrachten können.

Diese Stoffe müssen vielleicht öfter gewaschen/gereinigt werden, da sie von einigen Kindern zum Trösten und Sich-sicher-Fühlen benutzt werden.

Das brauchen Sie

Fangen Sie mit einigen dieser Stoffe an (kleine Stücke sind am besten):

- Fleece
- Baumwolle
- Webpelz
- Wildleder
- Satin
- Wolle
- Plastik
- Luftpolsterfolie
- Sweatshirtstoff
- Netzgardine
- Leder
- Handgestricktes
- Lurex
- Schaumstoff (dünn)
- Gummiband

Darauf ist zu achten

Benutzen Sie weißen Klebstoff, um Muster auf Karton aufzubringen (Punkte, Spiralen, Linien, Buchstaben) oder kleben Sie Sandpapierformen und Buchstaben auf Holz oder dicke Pappe.

Dann können Sie noch hinzufügen:

- Brokat
- Gaze oder Chiffon
- Stoff, der mit Perlen, Pailletten oder Stickereien verziert ist
- eine Babysocke
- seidige Dinge
- Lackleder
- geriffelte Pappe
- Bänder aus Satin, Spitze, Samt
- Schleier vom Hochzeitskleid
- Tarnnetz
- Frotteestoff
- Schlangenlederimitat
- ein Stück Styropor®
- Zellophan
- Sandpapier

Der Wird-es-wohl-schwimmen-Korb

Schwimmen und sinken, sich mit Wasser vollsaugen und überlaufen. Wenn Sie diese Dinge mit den Kindern besprechen, können Sie die Gegenstände benutzen, um vorherzusagen und auszuprobieren, was damit im Wasser passieren wird.

Ähnliche Objekte (zwei Bälle, zwei Tassen), von denen eines sinkt und eines schwimmt, regen zur Unterscheidung und zur Diskussion an, wenn die Kinder diesen Korb paarweise oder in Gruppen benutzen.

Man kann den Korb mit einer wasserfesten Folie ausschlagen (oder benutzen Sie einen Korb, der zum Hineinsetzen von Pflanzen gedacht ist), um das Auslaufen von Wasser zu verhindern.

Man kann ihn auch nach draußen neben eine Schüssel Wasser stellen, damit die Kinder experimentieren können.

Das brauchen Sie

Beginnen Sie mit diesen Dingen:

- Papier
- einer Plastikflasche
- einer Muschel
- Luftpolsterfolie
- einem Tischtennisball
- einem Spielzeugauto aus Metall
- einer Tasse
- einem Bleistift
- Styroporflocken
- einem Stein
- einer Feder
- einem großen Nagel
- einem Golfball
- einem Plastikauto
- einem Trichter
- einer Münze

Darauf ist zu achten

Dieser Korb kann in der Nähe einer Wasserquelle stehen, drinnen oder draußen, und es sollte zum Experimentieren ermuntert werden.

Dann fügen Sie noch Folgendes hinzu:

- ein Stück Holz
- eine Papprolle
- ein Stäbchen
- eine Socke
- einen Holzklotz
- ein Stück Schaumstoff
- eine Plastik-Weihnnachtskugel
- eine Kastanie
- einen Tannenzapfen
- eine Papiertüte
- einen Apfel
- einen Platikklotz
- eine Porzellanuntertasse
- Büroklammern
- ein Gummiband
- eine Walnuss

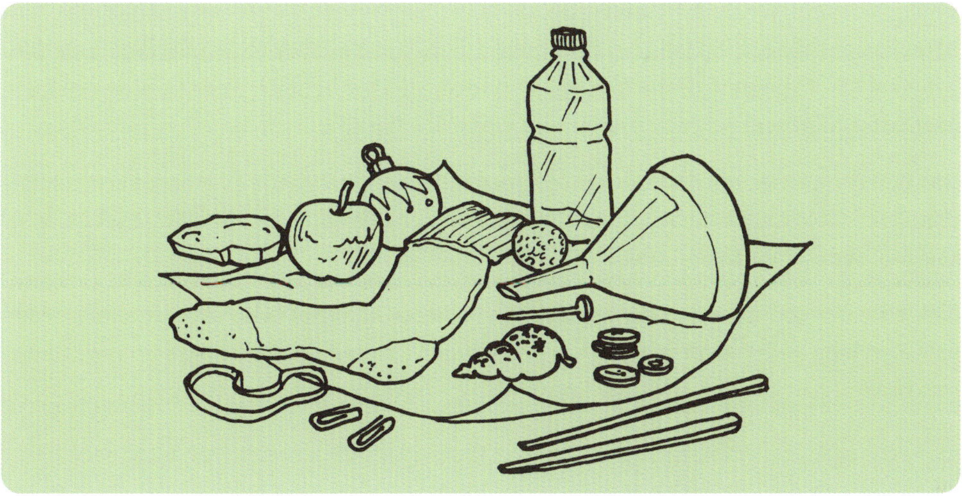

Der Füllen-und-leeren-Korb

Dieser Korb enthält zunächst Gefäße ohne Deckel, damit sie für jüngere Kinder einfach zugänglich sind. Wenn die Kleinen sicher damit hantieren können oder bei älteren Kindern, können Sie die Deckel und außerdem zusätzlich Gefäße mit Scharnierdeckeln hinzufügen. Die kleineren Dinge können entweder in Stoffbeuteln oder lose in der Kiste angeboten werden.

Das Benutzen eines mit Stoff ausgeschlagenen Korbs ermöglicht es Ihnen, auch zahlreiche kleine Objekte wie ungekochte Nudeln, Perlen, Münzen, Steine und Muscheln hineinzulegen, ohne diese zu verlieren.

Einige Kinder können sich sehr ausgiebig mit dieser Aktivität beschäftigen und werden eine Zeit lang völlig vertieft darin sein – sie füllen und leeren die Gefäße immer wieder. Das ist eine normale Phase in der Entwicklung – hindern Sie sie nicht daran!

Das brauchen Sie

Beginnen Sie mit folgenden Dingen:

- einer Tasse
- einer Plastikflasche
- einer Streichholzschachtel
- einer Plastikröhre ohne Deckel
- einer Papprolle
- einem Brillenetui
- einer Dose (ohne Deckel)
- einer Schale
- einer kleinen Pfanne
- einem Behälter (ohne Deckel)
- einem Stück Schlauch
- einer Geldbörse
- kleinen Dingen wie Spielfiguren, Münzen, Perlen, kleine Holzautos, große ungekochte Nudeln, Nüsse usw.

Darauf ist zu achten

Einige Dinge in der Kiste gehören vielleicht in einen bestimmten Behälter (z. B. ein Ring in ein Ringkästchen), aber machen Sie daraus keinen Intelligenztest! Lassen Sie die Kinder entscheiden, was sie wo hineinlegen.

Dann fügen Sie noch diese Dinge dazu:

- ein Glas mit einem Schraubdeckel
- einen Pfannendeckel
- eine Kiste mit Deckel
- Plastikflaschen mit Deckeln
- ein Etui
- eine Holzkiste mit Scharnierdeckel
- einen Eierkarton (mit Holzeiern)
- eine Dose mit einem Deckel
- eine Plastikteekanne
- kleine Stoffbeutel
- eine Uhrenschachtel
- ein Ringkästchen
- russische Matroschka-Puppen
- geeignete Objekte, die in die hinzugefügten Gefäße eingefüllt werden können

Der Hör-den-Laut-Korb

Ermutigen Sie die Kinder dazu, etwas in einen „phonetischen" Korb zu legen, und geben Sie einen klaren Hinweis auf den jeweiligen Buchstaben, mit dem der entsprechende Gegenstand beginnen soll, indem Sie ein deutlich erkennbares, eindeutiges Schild mit einem Bild daran befestigen.

Beurteilen Sie anhand Ihres Wissens über die Kinder in Ihrer Gruppe, ob Sie zwei Kisten gleichzeitig oder mehrere innerhalb einer Woche benutzen können – doppelte Kisten sind vor dem vierten Lebensjahr und für Kinder, die Deutsch als zusätzliche Sprache lernen, eher ungeeignet.

Das brauchen Sie

... für einen „B"-Korb:

- Bälle
- Buntstifte
- Bauklötze
- Brillen
- Becher
- Bilderrahmen
- Briefbeschwerer
- einen Block
- eine Babyrassel
- ein Stück Bast
- ein kleines Bett (aus dem Puppenhaus)
- gemalte Bilder oder Fotos von Tieren, die mit „B" anfangen (Biber, Bison usw.)
- einen Briefumschlag
- Birnen (aus Holz)

... für einen „K"-Korb:

- einen kleinen Korb
- eine Kugel
- ein Klangholz
- Stofftiere, die mit „K" anfangen (Känguru, Kaninchen, Krokodil usw.) oder gemalte Bilder bzw. Fotos von „K"-Tieren
- einen kleinen Kürbis
- Kastagnetten
- eine Rolle Klopapier
- eine Kanne
- einen kleinen Karton
- einen Klebestift
- eine kleine Kiste mit Deckel
- ein kleines Kissen

Darauf ist zu achten

Legen Sie den Inhalt von zwei Kisten für eine phonetische Unterscheidungsübung zusammen. Sie können den Kindern zwei kleinere Körbe anbieten, in die sie die Dinge sortieren können, nachdem sie sie benannt haben.

Der Glitzer-Funkel-Korb

Diese Kiste kann bei Feiern verwendet werden (wie etwa zum Diwali – dem hinduistischen Lichterfest – oder zu Weihnachten) oder einfach, um einen dunklen Wintertag aufzuhellen.

Kinder lieben alles, was glitzert (man könnte die Kiste silber- oder goldfarben ansprühen oder sie mit einem schimmernden Material ausschlagen), und manche verbringen viel Zeit damit, den Inhalt zu erforschen und darüber zu sprechen.

Kleine durchsichtige Behälter oder Taschen mit Pailletten, aus Glitzerstoff oder mit glänzenden Perlen oder Knöpfen daran werden ebenfalls einige Kinder interessieren. Die ständige Überraschung beim Einsatz dieser Kiste ist, dass man nicht voraussagen kann, welches Kind damit spielen und welche Gegenstände es für dieses Spiel auswählen wird. Sie dabei zu beobachten, gibt Aufschluss über ihre Gefühle, Bedürfnisse und ihren Entwicklungsstand.

Das brauchen Sie

Beginnen Sie die Sammlung mit folgenden Gegenständen:

- einem Spiegel
- Bonbonpapier
- Rauschgold
- glänzenden Materialien
- Pailletten in verschiedenen Größen und Formen in kleinen Beuteln oder Schachteln
- unzerbrechlichen Weihnachtsdekorationen
- Folie (in verschiedenen Farben)
- schimmerndem Papier
- Löffel
- Lametta
- glänzenden Perlen

Fügen Sie später noch folgende Gegenstände hinzu:

- eine Lupe
- glänzende Paspeln und Bänder
- Modeschmuck, besonders Stücke mit Strasssteinen
- alte Uhren
- ein Kaleidoskop (es gibt welche, die alles reflektieren, was man sieht)
- Murmeln
- Ketten
- kleine Blechdeckel
- Gürtelschnallen
- Glitter
- glänzende Knöpfe

Darauf ist zu achten

Glänzende Stoffe bilden eine schöne Unterlage in der Kiste, aus der die Kinder die Sachen herausnehmen. Vergrößerungsgläser, Spiegel und Kaleidoskope lassen alles noch lebhafter funkeln.

Der Kunterbunt-Korb

Es macht Spaß, Dinge für kunterbunte Körbe zu sammeln, und wenn sie verschiedene Gegenstände enthalten, stimulieren sie alle Sinne.

Beteiligen Sie die Kinder daran, die Objekte, Geschmäcker, Farbtöne und Düfte zusammenzusuchen, und fügen Sie Bilder und Zeichnungen hinzu (vielleicht in einem Einsteckfotoalbum).

Gehen Sie auf einen Farbspaziergang oder eine Farbsuche im Garten oder in Ihrer Gemeinde – nehmen Sie eine Kamera mit und fügen Sie Ihrer Sammlung einige Fotos bei.

Benutzen Sie kleine Gläser für Farbtöne, füllen Sie gekochte oder ungekochte Nudeln in verschließbare Gefriertüten und färben Sie diese mit Lebensmittelfarbe. Färben Sie selbst gemachte Knete ein und legen Sie diese in Tüten dazu.

Das brauchen Sie

... an Früchten und Gemüse:

- Apfel
- Karotte
- Süßkartoffel
- Blumenkohl
- Banane
- Erbsen
- Trauben
- Mango
- Kartoffel
- Okraschote
- Orange
- Zwiebel
- Pflaumen

... an Kräutern und Gewürzen:

- Petersilie
- Ingwer
- Koriandersamen
- Pfefferminze
- Knoblauch
- Zimtstangen
- Sternanis
- Nelken

... an Stoffen und Kleidung:

- silberne Schuhe
- braunen Gürtel
- gelben Regenmantel
- schwarze Krawatte
- grüne Gummistiefel
- Bluejeans
- violetten Samt
- roten Fleecepullover
- goldenen Laméstoff

... an Spielzeugen:

- rotes Feuerwehrauto
- violette Murmel
- braunen Dinosaurier
- orangefarbenen Ball
- schwarzes Pferd
- grünen Legostein
- blauen Bauklotz

... an Haushaltsgegenständen:

- silberne Schere
- gelbes Staubtuch
- rote Schale
- grüne Spülschüssel
- Messingtürklinke
- braune Wäscheklammer
- blaue Glasvase

Der Formenkorb

Diese Körbe geben Kindern die Möglichkeit, zu vergleichen und zu sortieren. Sie können entweder eine bestimmte Form enthalten (zum Beispiel Dinge mit Löchern) oder eine Mischung aus zwei verschiedenen Formen. Bei mehr als zwei verschiedenen Formen wird die Kiste einfach zu einer zufälligen Ansammlung von Objekten!

Auch hier werden Kinder es genießen, etwas zu den Sammlungen beizusteuern, indem sie Gegenstände von zu Hause mitbringen oder aus dem Raum oder dem Garten zusammentragen.

Wenn Sie einen neuen Korb oder neue Inhalte vorstellen, achten Sie darauf, dass Sie den Kindern nicht vermitteln, es gäbe nur eine „richtige" Art, diese Körbe zu benutzen. Halten Sie die Erklärungen kurz. Sagen Sie, dass Sie einige neue Dinge in den Korb getan haben, und zeigen Sie den Kindern, wo er steht, falls sie diesen benutzen möchten. Lassen Sie die Kinder den Korb alleine erforschen und entdecken.

Das brauchen Sie

Kreise und Kugeln:

- Ball
- Teller
- Unterlegscheiben
- Dosen- oder Glasdeckel
- Murmeln
- Weihnachtskugeln
- Perle
- CDs
- Wollpuschel
- Orangen
- Untertassen
- Knöpfe

Dinge mit Löchern:

- Unterlegscheiben
- Netze
- Steine und Muscheln
- Schraubenmuttern und Bolzen
- Nudeln
- Perlen
- Pailletten
- Nähgarnrollen
- Ringe
- Knöpfe

Langes und Kurzes:

- ein langes und ein kurzes Lineal
- Bindfaden
- Schlüssel
- Nägel und Schrauben
- Strohhalme
- verschieden lange Bänder
- Bleistifte
- Papierstreifen
- Wolle
- Stöcke

Großes und Kleines:

- Schuhe
- Spielzeugautos
- Teddys
- Plastikflaschen
- Schachteln
- Unterlegscheiben
- Löffel
- Handschuhe
- Schlüssel
- Deckel
- Socken
- Dosen
- Bälle

Rechtecke und Quader:

- Umschläge
- Schachteln
- Streichholzschachteln
- Klötze
- CD-Hüllen

Quadrate und Würfel:

- Klötze
- Suppenwürfel
- Schachteln
- Würfel

Zylinder:

- Strohhalme
- leere Dosen
- leere Tablettenrollen
- Rundbürsten
- Korken
- Rohre
- große Kerzen
- Deckel von Sprühflaschen
- Röhren

Der Ein-Gefühl-für-Orte-Korb

Diese Körbe geben Kindern die Möglichkeit, an Orte zu denken – echte oder ausgedachte. Einige davon werden mit den Ferien verbunden, andere mit Geschichten, einige mit besonderen Ereignissen, andere mit Menschen und natürlich haben viele mit aktuellen Projekten oder Themen, Besuchen oder Ausflügen zu tun.

Das Geheimnis ist, daran zu denken, dass Kinder mehr lernen, wenn sie all ihre Sinne benutzen. Versuchen Sie, eine Anregung für jedes Sinnesorgan in die Sammlung aufzunehmen.

Wenn Sie diese Körbe anlegen, werden die Kinder weitere vorschlagen und Sie können ihre Fantasie und ihren Einfallsreichtum benutzen, um daraus einen regelmäßigen Teil Ihres Angebotes zu machen.

Das brauchen Sie

Alles, was mit dem Meer zu tun hat:

- Muscheln
- Strandball
- Postkarten
- Eimer
- Spielfiguren, die eine Strandszene bilden
- Badeanzug
- kleines Handtuch
- Flipflops
- Kieselsteine
- Armbänder

Bärenpicknick:

- einen Picknickkorb als Kiste
- Tischdecke
- zwei Teddybären (ein großer, ein kleiner)
- zwei Teller, zwei Tassen
- Essen, das aus Salzteig gemacht ist

Der Zoobesuch:

- eine Spielzeugkutsche
- Käfige und Zäune
- Kamera
- Eintrittskarten
- Zootiere
- Spielfiguren
- Spielmatte

Herbstspaziergang:

- Blätter
- Eicheln
- getrocknete Maiskolben
- Samen von Bäumen und Sträuchern (auf Ungiftigkeit überprüfen!)
- Zweige
- Kastanien
- Laternen
- Baumrinde

Lass uns Weihnachten feiern:

- Kerzen
- Karten
- Holzschmuck
- Nüsse
- Stechpalmen- und Tannenzweige
- Geschenkschachteln
- Gewürze in Stoffbeuteln
- Weihnachtskugeln
- Glocken

Die Ankunft eines neuen Babys:

- Windeln
- Fotos
- Babygläschen
- Babypflegeartikel
- Kleidung
- Karten
- Rassel oder Babyspielzeug
- Babykatalog

Pflege, Aufbewahrung und Kosten der „Körbe für Forscher und Entdecker"

Pflege

Genau wie bei anderen Hilfsmitteln sollte auch hier die Sicherheit im Vordergrund stehen. Deshalb müssen die Körbe regelmäßig auf Gefahrenquellen hin untersucht werden. Wir sollten zwar wachsam sein (deshalb sollte ein Erwachsener in der Nähe sein, vor allem, wenn Babys mit den „Schatzkisten" spielen), aber nicht zu vorsichtig. Hier ein paar Vorschläge:

1. **Das Risiko des Verschluckens**: Wenn Sie sich wegen eines Gegenstandes, den Sie in die Sammlung geben wollen, Sorgen machen, lassen Sie ihn lieber weg.
2. **Lange Griffe:** Kleinkinder sind sehr vorsichtig mit den Gegenständen, mit denen sie hantieren. Das Risiko wird größer, wenn sie älter werden und anfangen, Dinge durch Schlagen, Werfen oder Stoßen zu testen. Beobachten Sie die Kinder und wenn Sie sich Sorgen machen, entfernen Sie die Objekte mit langen Griffen oder kürzen Sie die Griffe.
3. Natürlich überprüfen Sie alle Gegenstände auf **scharfe Kanten** oder Ecken, Splitter oder andere Verschleißerscheinungen. Die „Körbe" selbst müssen auch regelmäßig daraufhin untersucht und Gegenstände, die Besorgnis erregen, entfernt werden.
4. **Verderbliche Objekte oder Wegwerfartikel** wie Früchte oder Papier müssen ersetzt werden, sobald sie verbraucht aussehen – sonst wird der „Korb" schnell seine Anziehungskraft verlieren.
5. **Wie steht es mit Bakterien?** Alles, was waschbar ist, sollte regelmäßig gewaschen werden. Teile, die nicht in Wasser getaucht werden dürfen, müssen mit einem feuchten Tuch und einem Desinfektionsmittel abgewischt werden.

Aufbewahrung

Wenn Sie Gegenstände über einen längeren Zeitraum sammeln, können Sie jederzeit einen oder mehrere „Körbe" gleichzeitig benutzen. Außerdem können Sie Sammlungen kombinieren und neue zusammenstellen.

Die Gegenstände können in den „Körben" aufbewahrt werden, aber es kann Probleme bereiten, diese sicher zu stapeln, und natürlich können die „Körbe" selbst Kosten verursachen. Erzieher/-innen in Kindergärten, in denen regelmäßig mit Schatzkörben gearbeitet wird, bewahren die Dinge, die gerade nicht benutzt werden, meist auf folgende Arten auf:

- in beschrifteten Schuhkartons oder anderen Kartons mit Deckeln,
- in Beuteln mit Kordelzug, die man an die Rückseite einer Tür oder in einen Schrank hängen kann,
- in Stapelkisten oder Kartons (eine günstige Variante, die allerdings nicht staubgeschützt ist),
- in großen Plastikbehältern. (Vorteil: Man kann den Inhalt sehen.)

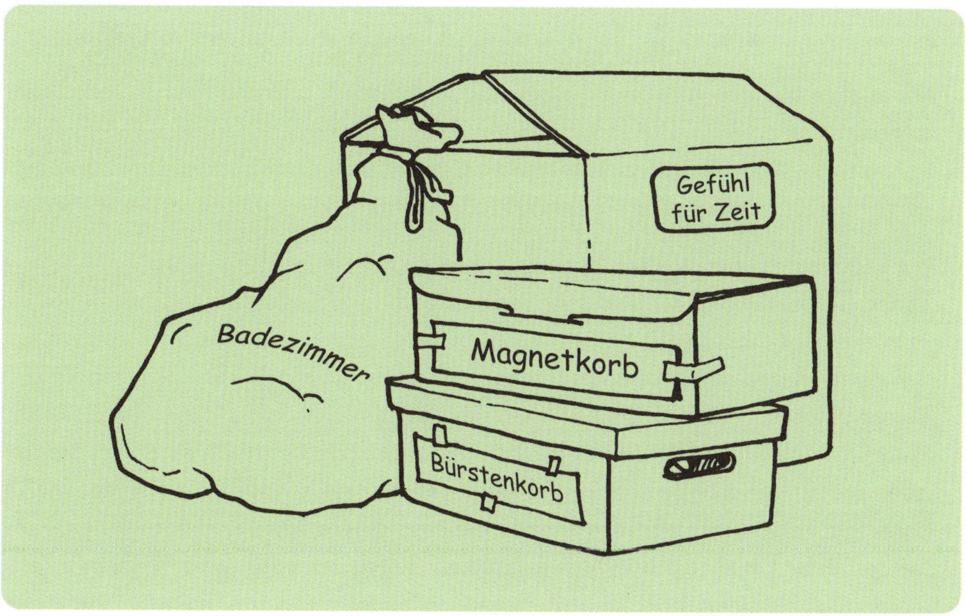

Kosten

Natürlich gibt es Hilfsmittel nicht umsonst, aber Schatzkörbe können sehr kosteneffektiv sein, vor allem, wenn man über einen gewissen Zeitraum hinweg sammelt.

Einige Gegenstände kosten nichts – man kann sie auf Spaziergängen oder Ausflügen sammeln, aus ausrangierten Dingen „recyceln" oder von Eltern, Mitarbeitern oder Freunden spenden lassen; andere sind günstig, weil sie von Basaren oder Flohmärkten stammen; wieder andere sind Haushaltsgegenstände, die haltbar sind und ständigem Gebrauch gut standhalten; und einige (wenige) müssen extra angeschafft oder regelmäßig ersetzt werden.

Die meisten Gegenstände aus den Schatzkörben in diesem Buch sind für wenig Geld zu erwerben. Wenn Ihre Mittel begrenzt sind, konzentrieren Sie sich auf ein oder zwei gut gefüllte „Körbe" – Ihre Kinder werden genauso viel Spaß mit diesen haben. Erzieher/-innen sind einfallsreich, achten immer auf Gelegenheiten, Ersatz oder Alternativen. Halten Sie sich einfach an die Prinzipien der „Körbe":

- Ermutigen Sie die Kinder, alle ihre Sinne zu benutzen.
- Stellen Sie Kindern eine breite Palette an natürlichen Materialien vor.
- Sorgen Sie für ein Gleichgewicht zwischen bunten Farben und künstlich hergestellten Materialien und den gedeckten Farben, den Oberflächen und den Formen natürlicher Gegenstände.
- Benutzen Sie Sammlungen aus vertrauten Gegenständen, um zum Spielen anzuregen.
- Sorgen Sie für Möglichkeiten, in denen Kinder so früh wie möglich selbst eine Auswahl treffen und Vorlieben entwickeln können.
- Stimulieren Sie Bewegung, Kommunikation und Sprache durch einfache Materialien.